Pierre Rabhi – Anne van Stappen

Petit cahier d'exercices de tendresse pour la Terre et l'Humain

Illustrations Jean Augagneur

Les droits d'auteur de ce Petit cahier seront intégralement versés à la Fondation Pierre Rabhi et à l'ONG Colibris.

Dans la même collection PETIT CAHIER

Petit cahier d'exercices des quatre accords toltèques,
Patrice Ras, 2012
Petit cahier d'exercices de méditation au quotidien,
Marc de Smedt, 2011
Petit cahier d'exercices d'intelligence émotionnelle,
Ilios Kotsou, 2011
Petit cahier d'exercices de simplicité heureuse,
Alice Le Guiffant et Laurence Paré, 2011
Petit cahier d'exercices pour s'affirmer et dire non,
Anne van Stappen, 2011
Petit cahier d'exercices de Communication non violente,
Anne van Stappen, 2010
Petit cahier d'exercices pour cultiver sa joie de vivre au quotidien, **Anne van Stappen, 2010**
Petit cahier d'exercices de bienveillance envers soi-même,
Anne van Stappen, 2009
Petit cahier d'exercices d'entraînement au bonheur,
Yves-Alexandre Thalmann, 2009
Petit cahier d'exercices du lâcher-prise,
Rosette Poletti & Barbara Dobbs, 2008

Catalogue gratuit sur simple demande

ÉDITIONS JOUVENCE
BP 90107 – 74161 Saint Julien en Genevois Cedex
Suisse : CP 184 – 1233 Genève-Bernex
Internet : www.editions-jouvence.com
Mail : info@editions-jouvence.com

ISBN 978-2-88353-940-2

Couverture et maquette intérieure :
Stéphanie Roze Éditions Jouvence
Mise en page : Interscript

Notre tendresse pour la Terre et l'Humain est si infinie qu'elle pourrait se décliner de mille façons, toutes plus savoureuses, vivifiantes et responsables les unes que les autres.

Cela dit, dans un but de simplicité, nous avons choisi de privilégier 5 axes qui nous inspirent et nous font vibrer, en formant le voeu qu'il en soit de même pour vous.

Les voici :

Nourrir notre clarté de vision,
notre intériorité et la sérénité qui en découle.

Être conscient de notre interdépendance,
et pratiquer la solidarité et la bienveillance.

Cultiver la joie de vivre,
l'émerveillement et la gratitude.

Choyer et préserver les beautés
de la nature et du monde.

Simplifier et alléger nos vies en modérant
nos besoins matériels.

Ce cahier caresse le rêve de donner à ceux qui le liront avec coeur et conscience, des clés pour s'enrichir de ressources très précieuses qui, comme l'amour, augmentent à chaque fois qu'on les partage : la sérénité et la joie éprouvées lorsque l'on offre sa tendresse au Vivant.

Les auteurs ont écrit ces lignes parce qu'ils sont convaincus que les vrais nantis de ce monde sont ceux qui savent repérer, savourer, chérir et partager les beautés de la Vie. Puissions-nous, au fil des pages, nous laisser transformer grâce à l'accomplissement des exercices proposés, afin de devenir de réels **ACTEURS** de tendresse pour la Terre. Puissions-nous, ensemble, nous laisser gagner par la passion de préserver la beauté sous toutes ses formes. Et pour cela, quitter notre vision à court terme afin de nous assurer de jouir de l'existence sur le long terme.

Emprunter la « Voie du colibri », c'est découvrir qu'être attentif envers la Terre et l'Humain n'a rien à voir avec un austère fardeau. Au contraire, exprimer de façon engagée notre tendre respect pour la Terre, afin d'en protéger les ressources, distille en nous une joie subtile : joie de protéger le patrimoine commun de l'humanité et joie de laisser à ceux qui nous suivent la planète la plus magnifique qui soit. Lorsqu'on accomplit sa part au service du monde, on devient fortuné en enthousiasme, en sérénité et en détermination, comme ce fameux petit colibri, si cher à Pierre et dont voici l'histoire :

Un jour dans la jungle se déclara un gigantesque incendie. En moins de deux, tous les animaux s'enfuirent, certains dans une précipitation plus effrénée que d'autres. Parmi eux, un rhinocéros, aussi grand en taille que petit en courage, était si terrifié qu'il avait piqué *le* triple galop de sa vie afin d'échapper au brasier. Pressentant son espèce en voie d'extinction, il avait si vigoureusement rassemblé ses énergies pour se tirer d'affaire qu'il se retrouva un des premiers hors de danger. Tout ampoulé de sa prouesse sportive, il s'arrêta pour souffler et aperçut alors un colibri qui volait en direction des flammes. Haletant, dégoulinant, mais béat d'orgueil, le mammifère héla l'oiseau d'un air condescendant :

« Hé, petit, il y a le feu là-bas ! Ne vois-tu pas que tu files droit au casse-pipe ? Tu es cinglé ou quoi ? »

Le colibri, sans se laisser démonter par la gueule crochue et quelque peu dédaigneuse, entrouvrit le bec et exhiba la goutte d'eau qui s'y trouvait.

« Tu ne t'imagines quand même pas éteindre un pareil incendie avec une minuscule goutte d'eau ? barrit le rhinocéros.

– *Je ne m'imagine rien, je fais ma part !* » rétorqua le colibri en reprenant son vol sans sourciller d'une plume…

1) Nourrir notre clarté de vision, notre intériorité et la sérénité qui en découle

Dans notre quête vers la bonne fortune, nous ferons à plusieurs reprises le point quant à l'impact de nos façons de vivre sur notre vie personnelle, nos relations et la planète.

En ce qui nous concerne, il est bon de réaliser que, tant sur le plan des aliments que sur celui des croyances et pensées, nous devenons ce que nous ingérons : d'une part, notre corps est constitué par ce que nous mangeons et buvons, et d'autre part, nos destins et bonheurs sont en majeure partie tissés par nos pensées, nos états d'âme et les actes qui en découlent.

Par rapport à nos relations, nous explorerons la bienveillance et la solidarité, dans la conscience que celles-ci ont l'art d'être bénéfiques à la fois pour celui qui les donne et celui qui les reçoit.

Et en ce qui concerne notre plus grande richesse, notre mère nature, nous intégrerons l'évidence que nous ne sommes pas simplement plongés dans la nature :

NOUS SOMMES DE LA NATURE. LA NATURE NOUS CONSTITUE ET NOUS FAIT VIVRE.

Pourtant nous la saccageons, sans mesurer que nous nous détruisons avec elle...

L'homme qui abattra le dernier arbre sera aussi le dernier homme, a dit Martin Luther King.

Nous ébaucherons nos bilans de façon légère, afin d'amorcer en nous une conscience réaliste de nos choix de vie et de leur impact sur la Vie. Après, si la pratique de cette conscience vous inspire, vous pourrez choisir de l'adopter quotidiennement.

Cela étant, soyons compréhensifs envers nous-mêmes et acceptons d'entrée de jeu nos imperfections car ce qui compte avant tout, c'est l'intention qui nous anime et le chemin que nous traçons ensuite pour la concrétiser.

Aussi, quelles que soient les prises de conscience auxquelles nous amèneront les bilans de ce cahier, soyons bienveillants envers nous-mêmes. Il est évident que chacun fait du mieux qu'il peut, de moment en moment, compte tenu de son parcours de vie et de la sensibilité qui lui est propre.

Les Indiens du Dakota affirmaient ceci : « Avant de prendre une décision, il faut réfléchir à ses conséquences sur les sept prochaines générations. » Il est donc sage d'évaluer notre façon de vivre et ses conséquences sur la planète que nous transmettrons à nos descendants. Mais si cette réflexion nous rend tristes et honteux, nous nous précipiterons sur des consolations en tout genre pour faire face à notre déprime et cela sera, au bout du compte, contre-productif.

Alors, devenons clairvoyants sur nos modes de fonctionnement mais ne nous fustigeons pas pour autant.

Pour réaliser notre part de colibri, il s'agit de réussir un coup double : vivre dans la joie tout en protégeant les ressources que la générosité de l'univers met à notre disposition.

Nos mises au point ne seront fécondes que si elles sont emplies de lucidité vis-à-vis de nos comportements de locataires de la Terre et de bienveillance envers nous-mêmes.

Voir ses limites n'est facile pour personne.

Chacun possède en soi une tache aveugle, cette portion de la rétine qui, dépourvue de photorécepteurs, est complètement aveugle. Mais c'est seulement dans le désir de conscientiser ce qu'on ignorait ou refusait de voir que pourront s'élaborer notre sens des responsabilités, notre conscience de l'interdépendance et les actions justes qui en découlent.

Nourrissons notre clarté de vision en faisant le BILAN DE NOS VALEURS :

Les valeurs citées ci-après sont une telle source d'enrichissement qu'elles décuplent le bonheur de quiconque les cultive :

Une valeur, c'est simplement ce à quoi je donne de l'importance...
Si tu me dis quelles sont tes valeurs, tu me révèles qui tu es !

Coloriez les fleurs de vos valeurs préférées.
Parmi ces valeurs, choisissez-en 2 que vous aimeriez cultiver davantage et entourez-les d'un signe qui témoigne de votre intérêt pour elles : un cœur, un soleil...

Si nécessaire, complétez cette liste avec des valeurs qui vous sont chères et qui n'y figurent pas.

Lisez attentivement les mots de cette liste et percevez en vous s'il y en a dont la lecture vous fait du bien. Pour vous aider, imaginez que cette valeur rayonne en vous. Sentez-la, palpez-la ! Certains mots vous font-ils plus vibrer ou résonner que d'autres ?

Écrivez ici le nom d'une personne à qui vous allez, d'ici une semaine, offrir 10 minutes du vécu d'une valeur dont la seule lecture vous a fait du bien :

Vous pourriez soit mettre en œuvre de façon concrète cette valeur, vis-à-vis de la personne concernée, soit lui raconter en quoi celle-ci vous fait vibrer.

Notez maintenant dans votre cahier de tendresse les aspects concrets de ces minutes : action, date, lieu, personne… Soyez créatif et récréatif !

Exemple : Si vous avez ressenti un parfum de bien-être en lisant émerveillement, allez vers la personne choisie et citez-lui un aspect concret qui vous émerveille en elle.

....

....

....

....

....

....

....

....

....

....

À présent, parmi les drames suivants, surlignez ceux qui vous sont particulièrement insupportables :

Guerre, pauvreté physique, détresse émotionnelle, solitude, pollution (terre, air, eau), violence, manque d'eau potable, d'accès aux soins de santé, d'accès à l'éducation, famine, corruption, mensonge, injustice, dictature, torture, gaspillage, déni de l'interdépendance, déni de la finitude des ressources.

Ajoutez ici d'autres aspects de nos modes de fonctionnement que vous estimez intolérables :

....

....

....

....

....

....

....

....

....

....

....

....

....

Si vous souhaitez contribuer dès à présent à réduire ce genre de réalités, cherchez maintenant une action, si petite soit-elle, que vous pourriez accomplir pour inverser le courant de ce que vous avez entouré et/ou écrit.

Par exemple :

Si vous avez entouré détresse émotionnelle, pensez à une personne à qui vous pourriez offrir un moment de réconfort.

Si vous avez entouré guerre, voyez s'il vous est possible de vous mettre en paix dans un endroit de votre vie où vous êtes en bagarre par rapport à quelque chose ou quelqu'un.

Si vous avez entouré pollution de l'eau, pourriez-vous utiliser moins de détergent dès votre prochaine vaisselle ?

Notez les aspects concrets de ce que vous allez mettre en pratique dans la semaine à venir :

....

....

....

....

Créons notre planète idéale :

Nous traitons notre planète comme une banque,
un champ de bataille et un gisement de ressources
à exploiter jusqu'au dernier poisson.
Quels enfants laisserons-nous à la planète
et quelle planète laisserons-nous à nos enfants ?

Veillez à disposer d'au moins 30 minutes de calme, ou bien cherchez des partenaires qui joueront à dessiner avec vous. Prenez (chacun) une grande feuille de dessin, vos plus jolis crayons de couleur et dessinez le monde dont vous rêvez, celui que chacun aimerait léguer à ses descendants :

quelles en sont les caractéristiques, les qualités ?
Comment se comportent les humains qui l'habitent ?
Comment voyez-vous, sentez-vous VOTRE monde ?
Quel goût, quelles odeurs a-t-il ?

Si nécessaire, écrivez quelques mots-clés.

....

....

....

....

....

Pendant que vous dessinez, accueillez les émotions qui jaillissent en vous.

....

....

....

....

....

Décidez d'un endroit privilégié où vous placerez ce dessin, afin de pouvoir le contempler chaque jour : c'est le monde auquel vous aspirez. Et là où se porte votre attention, ira votre énergie !

Soyez colibri et notez ici un pas que vous vous sentez appelé à accomplir pour contribuer à l'avènement de VOTRE monde.

....

....

Observez vos pensées, car ce qu'on se répète intérieurement devient tôt ou tard notre réalité.

Bilan de notre intelligence dans la relation au Tout :

*Nous sommes passés du gourdin à l'arme nucléaire,
mais notre coefficient émotionnel n'a pas maturé
comme notre coefficient intellectuel.*

Patrick Viveret

L'humanité est surdouée mais crétine !

1. Dans vos relations à vous-même, à l'autre et à la nature, citez 3 à 5 de vos qualités par secteur.

VIS-A-VIS DE MOI	VIS-A-VIS DE L'AUTRE	VIS-A-VIS DE LA NATURE
....	....	....
....	....	....
....	....	....
....	....	....
....	....	....

Ex : *Je crée du compost à partir de mes déchets alimentaires.*
Savourez la lecture de vos points forts, car voir sa propre beauté donne du courage pour faire face à ses ombres.

2. Citez des comportements ☺ *crétins* ☺ que vous vous reconnaissez avoir.

VIS-A-VIS DE MOI	VIS-A-VIS DE L'AUTRE	VIS-A-VIS DE LA NATURE
....	....	....
....	....	....
....	....	....
....	....	....
....	....	....

Ex : *Lors d'un conflit, j'ai du mal à reconnaître mes limites.*

Examinez cette liste sans vous juger.
Y a-t-il une transformation que vous aimeriez accomplir ?

....

....

....

....

....

Nourrissons notre intériorité :

Dans un monde où tout nous pousse à l'extériorité, où nous sommes bombardés de publicités et vivons dans un étourdissant zapping d'informations, comment pouvons-nous encore savoir qui nous sommes et ce que nous voulons ? À une époque où ralentir pour écouter son propre rythme est perçu comme une perte de temps, comment réhabiliter la fécondité du silence intérieur ?

Si on y regarde de près, on espère trouver une forme d'apaisement dans tous nos excès de consommation – vêtements, nourriture, alcool, drogues... Ainsi, paradoxalement, même dans une boîte de nuit tonitruante, ce qu'on recherche, souvent sans le savoir, c'est la tranquillité : on tente d'y assouvir nos besoins – de distraction, d'appartenance, de défoulement... –, afin d'apaiser en nous un sens d'incomplétude. Et, à court terme, c'est un peu vrai : satisfaire des plaisirs immédiats fait fondre pour un temps nos angoisses de vie et de mort. Mais quand, peu après, l'anxiété et le manque reviennent nous assaillir, quand notre santé se détériore et que les mêmes peurs nous reprennent aux tripes, nous nous retrouvons perdus et démunis !

Ainsi, alors que nous pensons consommer les plaisirs de ce monde, nous ne réalisons pas que ce sont eux qui nous consomment et nous consument !

Plus nous devenons matérialistes, plus nous sommes insatisfaits et envahis d'états d'âme désagréables : depuis quarante ans, dans plusieurs pays d'Europe, on observe que la courbe de consommation d'antidépresseurs progresse de façon similaire à la courbe de croissance du produit intérieur brut.

La dépendance à diverses consommations, qui se prétendent consolatrices, nous étourdit et nous hypnotise dans une transe du toujours plus. Puis, elle nous appauvrit, parce qu'elle nous coupe de la conscience de nos besoins essentiels, à savoir ceux qui, lorsqu'ils sont assouvis, nous donnent accès à une joie durable :

Gratuité, altruisme, contact avec la nature, lien, intériorité, partage... Notre société de remplissage (objets, voyages, bouffe, infos...) nous rend boulimiques, tabagiques, alcooliques, workoholiques et nous coupe de l'essentiel : notre intériorité, qui nous aide à « être » grâce à la fécondité issue de la lenteur, du vide, du calme... Elle nous pousse sans cesse à faire quelque chose, or il est important de se poser, de respirer, de sentir nos sensations, nos états d'âme, de conscientiser nos pensées... Si on est arraché à soi, hors de soi, on ne peut pas cultiver son intériorité qui permet l'accordage de notre instrument : esprit, âme, cerveau. Pour y arriver, il faut arrêter d'agir.

Christophe André

À force de vouloir toujours faire et posséder plus, nous sommes aspirés dans un tourbillon qui rend nos vies insipides sans même qu'on s'en rende compte, car on n'a plus le temps de s'arrêter pour s'en apercevoir !

Il est donc vital pour tout être qui se veut humain de prendre le temps de laisser résonner en soi ces questions si chères aux philosophes :

- Où en suis-je ?
- Qu'est-ce que je veux laisser comme trace de mon passage ?
- Qu'est-ce qui me sépare de moi ?
- Comment est-ce que je reviens à moi ?

Cultiver notre intériorité, c'est choisir le chemin du « BE ➧ DO ➧ HAVE » (sois, fais, possède) et pas la facilité du « HAVE ➧ DO ➧ BE » (possède, fais, sois). Elle amène à une joie fiable parce qu'elle trouve son origine en nous et se dégage ensuite vers l'extérieur.

> *J'ai beaucoup de travail, il faut que je prie une heure de plus,*
>
> disait Martin Luther King.

Il est bon que chacun trouve ses propres chemins pour se rencontrer. Cela dit, voici des pistes allant dans ce sens :

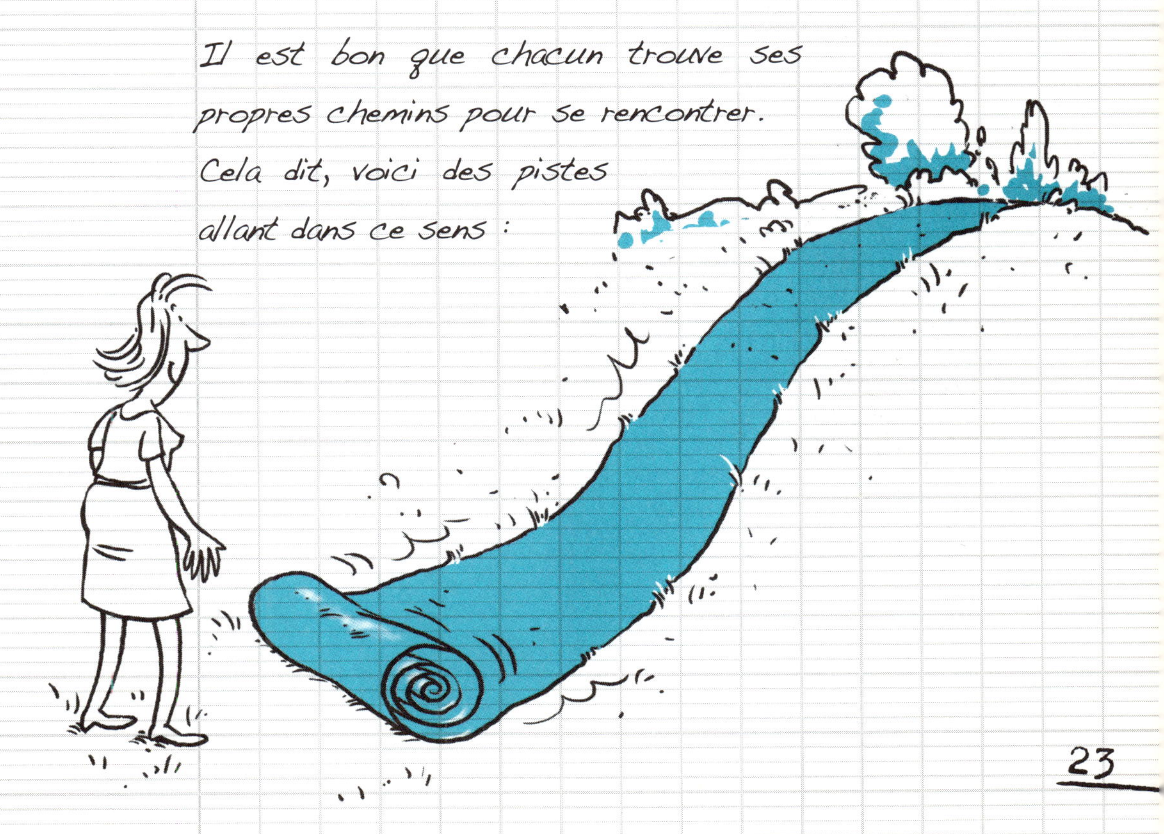

S'aider à descendre en soi, par exemple par :

1) La prise de conscience de notre respiration et la perception de celle-ci par nos cinq sens : sentir l'air qui traverse les narines, écouter l'air qui pénètre la trachée et les bronches, percevoir les mouvements de notre abdomen et de notre thorax. La simple observation du souffle nous permet d'accéder à un état de paix intérieure. Notre respiration est un pont qui nous amène au calme et relie notre corps à l'être profond qui réside en nous.

2) La cohérence cardiaque : c'est une façon de respirer, lente et profonde, dans laquelle on imagine que l'air entre et sort par le coeur (pour cela, accomplir une respiration complète en 10 secondes, à partir du milieu du sternum, très légèrement à gauche). En même temps, on fait venir à sa conscience le souvenir de quelque chose d'agréable, ou bien on pense à quelqu'un que l'on aime. La cohérence cardiaque a le pouvoir d'établir en nous un état d'harmonie, à la fois dans notre physiologie et dans notre psychisme. Outre sa fonction d'aide à l'intériorisation, sa pratique régulière a des effets antidépresseur, antistress, antifatigue et anxiolytique. Ce quadruple A a les mêmes capacités que les somnifères et les antidépresseurs, sans engendrer leurs effets secondaires... Cette manière de respirer stimule également notre immunité, notre créativité et notre concentration.

S'immerger dans la nature, se laisser bercer, revigorer et émerveiller par elle. Ressentir de la gratitude pour ce qu'elle nous offre. Se réjouir de la majesté des arbres, de la luxuriance des fleurs au printemps, de la saveur des fruits et légumes, des parfums de l'herbe qu'on coupe...

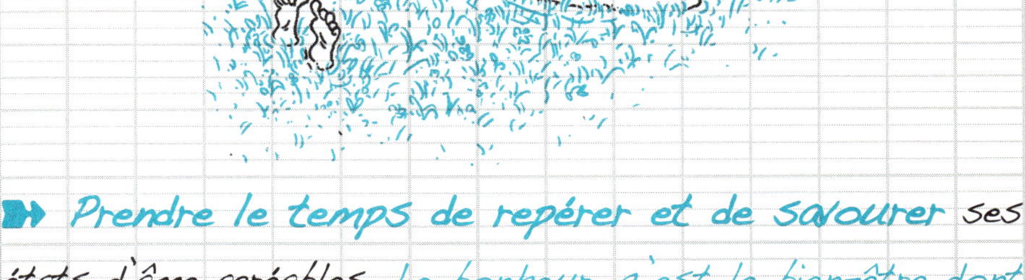

Prendre le temps de repérer et de savourer ses états d'âme agréables. *Le bonheur, c'est le bien-être dont on cultive la conscience !*

S'octroyer des moments de détente et de repos : comme la nature, pour se régénérer, notre corps et notre psychisme ont besoin d'être mis en jachère.

Écouter avec bienveillance ses sentiments inconfortables quand ils surgissent, dans la conscience que *le simple fait d'accueillir son vécu soulage déjà notre tension émotionnelle* alors que *tout ce à quoi on résiste persiste.**

Conscientiser ses idées noires et ses sentiments négatifs, afin de les transformer en potentiel d'action. Pour cela, il faut savoir que des pensées négatives et des états d'âme désagréables nous envahissent soit quand nous avons des besoins insatisfaits, soit quand nous nous coupons de certains de nos besoins. Si, grâce à l'intériorité, nous détectons ce qui se passe en nous ainsi que nos besoins inassouvis, nous pouvons sortir de nos états sombres en cherchant des moyens pour satisfaire nos besoins.*

Parmi ces suggestions, sélectionnez celles qui vous inspirent et complétez ici avec vos propres façons de vous écouter et de vous connaître.

....

....

....

Interrompez votre lecture pour vivre une minute d'intériorité, ou davantage si vous le souhaitez !

* Ces deux derniers thèmes sont abordés en profondeur dans les Petits cahiers d'exercices de bienveillance envers soi-même et de Communication NonViolente®.

2) Être conscient de notre interdépendance, et pratiquer la solidarité et la bienveillance

> **Si tu veux aller vite, va seul,**
> **si tu veux aller loin, va avec d'autres.**
> **Proverbe africain**

Qu'on le veuille ou non, l'interdépendance (ou conscience des dépendances réciproques entre les événements et les individus) est une réalité qui génère des conséquences :

- Comme nous ne sommes pas séparés, tout ce que nous accomplissons individuellement a un impact sur l'ensemble du Vivant.
- Mais l'interdépendance possède aussi un bel avantage, trop souvent minimisé : en nous associant, nous produisons de meilleurs résultats que chacun tout seul, ainsi que le démontre la physique : par exemple, deux planches de bois soudées ensemble supportent une charge totale bien supérieure à la somme des charges portées par chacune d'entre elles quand elles sont séparées.

Toutes nos compétences réunies font donc des miracles.

Nous avons à apprendre, par notre richesse intérieure, à gérer nos ressources avec intelligence, c'est-à-dire dans la solidarité. Il nous faut aujourd'hui gérer la finitude du monde en développant à l'infini la beauté de notre coeur.

On ne peut exister sans la nature, la terre et les autres êtres vivants : nous avons une tâche fondamentale :

DEVENIR SOLIDAIRE ET RESPECTUEUX DE TOUT CE QUI COMPOSE LE TOUT.

Passer de l'indépendance, voire de l'individualisme, à l'interdépendance, incarner les valeurs d'entraide et de partage, c'est quitter l'illusion surannée du chacun pour soi et rejoindre la sagesse du « Je ne gagne pas quand je gagne seul, ou au détriment de quiconque ».

Passer du Je au Nous n'est pas un retour en arrière. C'est au contraire une façon d'aller de l'avant qui engendre beaucoup de joie, parce qu'une fois accomplie la phase parfois délicate de l'accordage des violons de chacun, elle constitue un gage de soutien mutuel et de durabilité.

Ce n'est pas facile de bien s'entendre, de s'accorder au rythme ou aux visions d'autrui, de modifier ses habitudes, mais notre vie, la Vie en vaut infiniment la peine.

Et comment nous y prendre si ce n'est en le décidant ?
Notez un geste qui serait votre part de colibri pour aller dans le sens d'un acte de solidarité. Que cela soit un acte simple, un *PPPP* ou *Plus Petit Pas Possible* afin qu'il devienne aisément un *PPPQM* : *le plus petit pas qu'on maintient* !

....

....

....

Quels besoins cet acte satisfera-t-il pour vous ?

....

....

Quels besoins imaginez-vous que cela pourrait satisfaire chez l'autre ?

....

....

....

....

Suggestions : besoins de contribution, d'aide, de don, d'appartenance, de solidarité, de faire du bien, de paix intérieure, de sérénité, de joie, de soutien, de faire plaisir...

Répétez quotidiennement ce geste pendant 3 jours et ensuite faites le point sur son impact dans votre vie. Il y a des chances pour que cela vous fasse autant de bien qu'à la personne dont vous prendrez soin ou qu'à la cause dont vous vous occuperez.

Car, comme le dit Pierre : « Aimer est une énergie réparatrice. L'empathie et l'amour n'ont rien de ringard, ce sont des vibrations profondes que l'être humain a le pouvoir de développer et qui dégagent une énergie énorme dont le monde a grand besoin aujourd'hui. »

Abordons à présent la bienveillance : ce goût profond qu'a l'être humain de faire du bien. La bienveillance, c'est l'amour en action, la bonté manifestée. Elle a le pouvoir de réchauffer à la fois le coeur de celui qui la donne et de celui qui la reçoit.

Songez à un moment récent lors duquel vous avez exercé votre bienveillance. Souvenez-vous de ce qui s'est passé. Comment vous sentez-vous en y repensant ?

....

....

....

Cela vous donne-t-il l'élan d'en faire davantage ?

Le saviez-vous ?

Depuis quinze ans, les États-Unis ont instauré dans leurs programmes d'études secondaires le service learning : pour l'obtention de leur diplôme final, on demande aux élèves de faire du bénévolat, soit en aidant des personnes en difficulté, soit en contribuant au bien-être collectif. Après cette expérience, les étudiants partagent souvent que s'engager de façon solidaire à coopérer au bien-être de la société change leur vie et donne du sens à leur existence. À présent, cette idée se répand dans d'autres pays du globe et on peut espérer qu'elle permettra aux générations futures d'être davantage orientées vers la bienveillance et la création d'un tissu social que vers un individualisme timoré.

Parmi les phrases qui suivent, surlignez celles auxquelles vous adhérez :

- *Apprenons à vivre ensemble comme frères et soeurs, ou préparons-nous à périr ensemble comme des imbéciles.* Martin Luther King
- *Quand tu quitteras la Terre, tu emporteras seulement ce que tu as donné.* Auteur inconnu
- *À quoi sert ce que tu es si ça ne contribue pas à faire un monde meilleur ?*
- *L'humanitaire est un palliatif à notre manque d'humanisme.*
- *Nous nous comportons comme des pompiers pyromanes...*

Et pour conclure sur le thème de la solidarité, voici la suite des aventures du petit colibri :

Il fit de nombreux allers-retours entre les flammes et l'endroit où il puisait de l'eau, et survola même quelques fois le rhinocéros ébahi…
Soudain, en arrivant au-dessus du brasier, l'oiseau fut surpris par un coup de vent qui balaya un nuage de fumée. La vue du sol se dégagea, ce qui lui permit de mieux cibler là où lâcher sa goutte d'eau. Il aperçut alors un ver de terre, un de ses mets préférés…, entouré de telles flammes que sa dernière heure était à l'évidence arrivée. Poussé par sa compassion, il entrouvrit le bec et en libéra le contenu au-dessus du ver qui fut soulagé par cette goutte de fraîcheur inattendue. Il mourut carbonisé peu après, mais la légende raconte que la solidarité du colibri fit une réelle différence dans son supplice : quelqu'un s'était préoccupé de lui !

3) Cultiver la joie de vivre, la gratitude et l'émerveillement

Dans nos contrées, tout le monde a les moyens de s'offrir du plaisir, mais la vraie joie est une denrée rare qui ne s'achète pas. Quand on a trouvé cette amplitude de joie, la Vie ne peut plus être considérée comme un bien à accaparer… Le bonheur, c'est cette résonance intérieure qui est en harmonie avec le règlement de l'univers.

Dessinez ou décrivez ici votre image du *bonheur*
(à ne pas confondre avec le plaisir !).
Pour vous aider à la préciser, demandez-vous : « *S'il me restait quelques semaines à vivre, que souhaiterais-je encore avoir accompli, expérimenté, donné à mes proches ou à la planète ?* »
Voyez si, dans vos réponses, vous pouvez dès maintenant entreprendre quelque chose de concret dans ce sens. (Avec lucidité, mais sans culpabilité, faites la distinction entre les satisfactions, ou les plaisirs à court terme, et le bonheur sur le long terme.)

....

....

....

....

....

Mon bonheur

Dans les idées suivantes, surlignez celles qui sont pour vous sources de joies réelles et barrez celles dont vous constatez que la quête vous rend dépendant du *toujours plus* :

Offrir une bonne éducation à mes enfants,
dépenser comme je veux, satisfaire mes gourmandises,
savourer la nature, pratiquer un art ou un sport,
me distraire, lire, voyager, soulager la misère,
travailler dans un secteur qui me plaît,
vivre dans un pays en paix, apprendre, aider, transmettre,
donner et recevoir de l'amour, être en amitié avec moi-même,
préserver ma santé et celle de mes proches,
accumuler des possessions...

Complétez cette liste à votre gré, tant avec vos satisfactions que vos réels bonheurs. Accepter de se regarder en face est la première étape de la transformation et ce n'est pas la plus confortable !

....

....

....

....

À lire vos choix, êtes-vous en train de vous laisser emporter par un tapis roulant matérialiste-hédoniste ou bien empruntez-vous un itinéraire à contre-courant qui vous amène du culte des biens à celui des liens ?

Dans lequel des 3 modes suivants avez-vous tendance à vous trouver :

si j'étais   si j'avais   si je faisais

- Si vous êtes beaucoup dans le mode si j'étais, votre bien-être dépend de vous et de vos qualités d'être, ce qui fait que vous avez un grand pouvoir quant à ce qui vous fait aller bien.
- Si vous êtes beaucoup dans le mode si j'avais, votre bien-être dépend de vos possessions et/ou de l'extérieur, ce qui fait que vous avez peu de pouvoir et de fiabilité quant à ce qui vous fait aller bien.
- Si vous êtes beaucoup dans le mode si je faisais, votre bien-être dépend de vos actions et vous avez donc du pouvoir sur ce qui vous fait aller bien. Cela dit, restez conscient du fait que ce pouvoir est lié à ce que vous accomplissez et qu'il existe des situations dans lesquelles notre marge d'action étant réduite, il est bon de disposer aussi de qualités d'être.

> **Le bonheur qui dépend de l'extérieur n'est pas le bonheur parce que sa source peut toujours nous être retirée.**
>
> Deepak Chopra

Notre joie dépend de notre capacité à laisser vivre en nous les moments joyeux. Pour y arriver, il y a deux talents que nous pouvons développer, tels des muscles : ce sont l'émerveillement et la gratitude.

De nos jours, la publicité nous arrose de messages mensongers nous faisant croire qu'en accumulant toujours plus d'avoirs, nous ressentirons des joies qu'en fait seul l'être peut nous faire éprouver. Cela nous rend insidieusement prisonniers d'un système de production-consommation-consolation qui nous empêche d'accéder à une vraie joie de vivre.

LE NOEUD DU PROBLEME EST QUE NOUS NE SAVONS PLUS SAVOURER. ET QUAND L'EMERVEILLEMENT SE PERD, LA JOIE S'ENVOLE AVEC LUI !

Connaissez-vous cette expérience réalisée à New York dans un but scientifique ?
Le lendemain d'un soir où il avait donné un concert dans une salle comble, on demanda à Joshua Bell, l'un des plus grands violonistes de notre époque, de faire la manche en jouant du violon dans un des couloirs du métro. L'artiste joua incognito pendant plus d'une heure, à un moment de grande affluence. De nombreux voyageurs, pressés, obnubilés par leurs activités à venir, le dépassèrent, sans être le moins du monde touchés par sa grande virtuosité. Au mieux, certains lui jetèrent-ils distraitement un petit sou. Et, à part un enfant de trois ans et sa mère, personne ne s'arrêta pour l'écouter...

Et si, pour accroître notre capacité d'émerveillement, nous commencions un journal de gratitude et de conscience des beautés qui nous entourent ?

Songez à 3 éléments de votre vie qui vous rendent heureux, et ressentez votre gratitude ou votre émerveillement. Définissez pourquoi en notant ici vos besoins assouvis :

Ex : *Prendre quelqu'un dans mes bras satisfait mes besoins d'affection, de partage...*
Avoir une douche chaude et de l'eau potable satisfait mes besoins de confort et de santé.
Pouvoir trier mes déchets ménagers satisfait mon besoin de préserver les richesses du monde.

....

....

....

....

....

....

....

....

....

Si vous voulez renforcer votre gratitude vis-à-vis de ce que la Vie vous offre, il est puissant de traverser les 3 étapes que voici, enseignées par la Communication NonViolente® :

1) Observer et décrire un fait qui vous a plu.

2) Conscientiser, énoncer et SURTOUT prendre le temps de ressentir vos sentiments en relation à la situation.

3) Pointer les besoins satisfaits à l'origine de vos sentiments.

Si ce que vous avez écrit concerne quelqu'un, vous pourriez aller le voir et lui exprimer votre reconnaissance.
Cette façon de repérer et/ou de nommer ce qui vous a fait du bien accroît votre PIB, entendez Passion Immodérée pour la Bienveillance...

Le coeur de notre joie de vivre, n'est-ce pas l'art de savourer la Vie tout en agissant de façon à la préserver ? Avez-vous déjà pris le temps de vous émerveiller devant un simple Bic, un peigne, un savon, une cuillère ? Pour la plupart des lecteurs de ce cahier, la Vie est généreuse, mais nous y sommes si habitués que nous oublions d'en savourer les grâces. N'attendons pas que quelque chose nous soit retiré pour mesurer le privilège d'en avoir disposé. S'extasier devant la multitude des cadeaux de la Vie nous aide à transformer nos cauchemars d'inquiétudes en insomnies de joies. S'émerveiller est un vrai chemin spirituel dont il vaut mieux établir la pratique quand tout va bien, afin d'en disposer aisément pour traverser d'éventuelles tempêtes.

Quiz vrai-faux sur le bonheur, inspiré par Jérémy Rifkin

1. À partir de la satisfaction de mes besoins de base, mon bonheur dépend plus de ce que je suis que de ce que je possède. ❑ **vrai** ❑ **faux**
2. Plus on accumule de biens et plus on va bien. ❑ **vrai** ❑ **faux**
3. Les êtres humains dont les premières motivations sont l'argent, l'image et la célébrité ont plus de maladies et de dépressions que ceux qui se préoccupent moins de ces aspects. ❑ **vrai** ❑ **faux**
4. L'argent fait le bonheur. ❑ **vrai** ❑ **faux**
5. Une fois atteint un niveau de bien-être économique minimum, les ajouts de richesse rendent moins heureux et exposent à l'angoisse, la dépression, etc. ❑ **vrai** ❑ **faux**
6. Plus les valeurs d'un être humain sont matérialistes et plus sa qualité de vie diminue. ❑ **vrai** ❑ **faux**
7. À partir d'un certain seuil de confort, quand quelqu'un s'enrichit, sa volonté de posséder toujours plus diminue son empathie pour autrui et le rend moins heureux. ❑ **vrai** ❑ **faux**

Réponses : vrai : 1-3-5-6-7 faux : 2-4

4) Choyer et préserver les beautés de la nature et du monde

Quelques réflexions de bon sens et de sagesse :

Il y a une chose que l'être humain, englué dans un système de productivité, semble avoir oubliée : la Terre est VIVANTE ! C'est un organisme à part entière. Grâce au travail d'une multitude de microorganismes, de vers de terre et autres lombrics qui la peuplent, elle élabore des substances capables de soutenir la Vie... Ces substances sont ensuite transférées vers notre estomac par l'intermédiaire des végétaux qui constituent de véritables cordons ombilicaux allant de la Terre-mère vers notre corps... Il devient donc évident que les produits toxiques dont nous gavons nos sols se retrouvent tôt ou tard dans nos assiettes. Depuis des décennies, nous avons réduit nos champs à un substrat pour engrais chimiques, nous considérons les animaux comme des machines à protéines et nous nous traitons nous-mêmes comme de vulgaires robots.

Ainsi, alors que nous sommes des enfants de la nature et recevons d'elle tous les moyens pour être heureux, nous retournons contre nous-mêmes ces moyens. En agissant contre la nature, nous contribuons à notre propre extinction. Par exemple, des statistiques récentes affirment que les trois quarts des cancers sont étroitement liés à la façon dont nous dégradons notre environnement... (Consulter notamment les écrits du professeur Jean-François Narbonne, toxicologie, université de Bordeaux.)

Or, le genre humain est si imbu de lui-même qu'il se croit invincible et s'est autoproclamé supérieur à tout ! Avons-nous demandé aux baleines leur avis à ce sujet ?

Il est temps que nous créions ensemble une civilisation d'éthique, de beauté et de modération. Ce n'est qu'en mettant plus de conscience dans nos gestes quotidiens que la planète et nous-mêmes serons en meilleure santé, physiquement et moralement. Il ne s'agit nullement de retourner à l'ère de la bougie, mais d'ajuster simplement nos besoins à la réalité des ressources dont le monde dispose.

*L'écologie, la tendresse pour la Terre
et l'Humain, c'est cultiver ce qui
nous fait vibrer intérieurement :
la beauté de la Vie, l'esprit des choses.
Un arbre a une beauté au-delà du fait
d'être de la végétation.*

Cette dernière phrase résonne-t-elle en vous ?
Dans quoi estimez-vous que réside la majesté d'un arbre ?

....

....

....

....

....

....

....

....

....

Petit moment récréatif :

Pierre aimerait être réincarné en Sioux parce que ce peuple vit simplement et ne prélève que ce dont il a besoin pour vivre.

Et vous, si vous deviez revenir sur cette planète, en quoi aimeriez-vous être réincarné et pourquoi ?

....

....

....

....

....

....

....

....

....

Continuons nos réflexions :

Que pensez-vous du cercle vicieux suivant ? :

moins de nature ➡ moins de connexion avec la nature

➡ plus de déprime ➡ plus de destructions

➡ encore moins de nature...

Rappelons pour terminer que tout organisme vivant en vient à mourir si, pendant un certain temps, il ne peut assouvir ses besoins de base (manger, boire, dormir, respirer et éliminer).

Or, nous l'avons dit : la Terre est vivante. Mais nous la privons de repos en la contraignant à des cultures intensives et en supprimant ses jachères. Nous abattons massivement ses forêts, ce qui l'ampute quotidiennement d'une partie de ses poumons. Nous encrassons son système circulatoire (les mers, les océans, les fleuves et les rivières) par les plastiques, pétroles, pesticides et engrais divers. Quant à sa substance, sous l'action de nombreux polluants, elle se durcit et n'est plus régénérée correctement. L'eau dont elle devrait s'abreuver ne parvient plus à la pénétrer, l'hydrater, la laver. Enfin, encombrée par nos poubelles, la biosphère ne peut plus métaboliser les déchets dont nous nous débarrassons. Quelle conclusion devons-nous en tirer si nous voulons faire preuve de bon sens ?

Un proverbe amérindien affirme : « Fais du bien à ton corps pour que ton âme ait envie d'y rester. » Il serait sage de le compléter en ajoutant : « Fais du bien à la Terre pour qu'elle ait envie de te garder. »

5) Simplifier nos vies par la modération de nos besoins matériels

Simplifier nos vies en réduisant nos possessions et nos consommations crée de l'espace, amène à un gain de temps et fait d'autres heureux, par exemple quand nous donnons. Ainsi, nous oxygénons notre vie en la simplifiant.

Le problème de nos pays dits développés réside dans notre idéologie cumulative. Celle-ci trouve son origine dans la confusion que nous faisons entre le bonheur et l'enrichissement. Il s'avère que le matérialisme de nos contrées nous éloigne perfidement de la source du vrai bonheur, ou tout au plus, nous aide-t-il un peu à nous en passer.

L'avoir nous donne à tort l'illusion que nous allons éprouver des joies qui ne trouvent leur origine que dans notre capacité à être.

Ainsi, une publicité française clame même :

« Camembert rustique, goût de l'authentique ! »

Si l'on en croit ce message, nous goûterions aux joies suaves de la vérité profonde en mangeant simplement du fromage...

Le Dalaï Lama affirme que nous passons notre vie à nous rendre malades pour gagner de l'argent qu'ensuite nous dépensons pour nous soigner !
Nous bénéficierions tant à développer l'art de cultiver nos liens humains, ressource illimitée, plutôt que nos biens dont la consommation effrénée ne nous assouvit jamais vraiment, alors même que leur finitude est indéniable.
Les champs de croissance potentielle au sein de nos relations humaines (de voisinage, d'amitié, de famille, de mouvements associatifs, etc.) sont vastes, mais nous n'avons pas appris à les labourer ! Pourtant, au dernier jour, ceux qui peuvent en témoigner ne parlent que de l'amour qu'ils ont eu le bonheur d'échanger.
Combien de temps ne pourrions-nous pas davantage partager avec nos enfants, nos petits-enfants, dans la conscience que, si le travail n'a pas de fin, l'enfance, elle, en a une. Nous pourrions également pratiquer un art, découvrir la flore, apprendre à jardiner, à lire, à écrire, à nous relaxer, sans être amenés à polluer, acheter, voyager à l'envi afin de nous distraire et de nous amuser...

Le bout du monde et le fond du jardin contiennent la même quantité de merveilles.

Christian Bobin

Toute consommation non indispensable porte en elle le germe de la mort. Par nos modes de vie de prédateurs, nous semons la mort des animaux, des arbres, des fleuves et des poissons, des peuples en guerre et affamés... La Vie est sacrée et nous la détruisons. Il est capital de faire en sorte que tous les enfants qui viennent au monde puissent vivre, alors que nombre d'entre eux agonisent dès leur naissance.

Un lion n'a pas de banques ni d'entrepôt d'antilopes. S'il est rassasié, il boit près d'elles sans les regarder !

Alors, quelles sont vos « banques » à vous ?
Attention : prenez ce qui suit comme un JEU !

En fonction du degré auquel vous ne pouvez pas aisément vous en passer, cotez de 1 à 5, sans vous juger, les consommations suivantes :

Épargnes ☐ assurances ☐ vêtements pour toutes circonstances ☐ armoires à provisions pleines ☐ cigarettes ☐ drogues ☐ alcool ☐ psychotropes ☐ chocolat ou douceurs sucrées ☐ distractions ☐ collections d'objets ☐ véhicule privé ☐ dépenses compulsives ☐ voyages ☐ internet ☐ télévision ☐ soins esthétiques ☐ achats des derniers gadgets en vogue ☐ chauffage à l'envi ☐ bains chauds à volonté ☐ résidences secondaires ☐

Complétez la liste si nécessaire ! … ☐ …

Une fois cet exercice accompli, félicitez-vous de votre courage à vous regarder en face.

Rien qu'à titre d'expérience, dans ce qui est cité plus haut, surlignez en jaune :

- Ce qui vous nuit (ex : *malbouffe*), ainsi qu'à la planète, à vos relations…
- Ce qui vous encombre (ex : *collections d'objets*).
- Ce qui vous coince en vous rendant dépendant (ex : *LE vêtement à la mode*).

Entourez ensuite ce qui sert à estomper vos peurs et stress ou à masquer un vide intérieur. Pensez-vous que ces stratégies sont efficaces pour vous apaiser à long terme ?

....

....

De quelles consommations êtes-vous déçu parce qu'elles ne vous apportent pas le plaisir escompté ? Interrogez-vous sur ce que vous êtes prêt à réduire et pourquoi.

....

....

LA SIMPLICITÉ, C'EST BEAU ET ÉLÉGANT ! LE GOURMET GOÛTE PLUS QUE LE GOURMAND !

Auteur inconnu

Coloriez ces phrases si elles résonnent pour vous.

Le savez-vous ? Y pensez-vous ? Voici un mélange de cris de joie, de sonnettes d'alarme et de notions de bon sens...

1. Si chacun d'entre nous vivait comme un Français, il faudrait 3,5 planètes. Et si chacun vivait comme un Américain, il en faudrait 7.

2. La géothermie, les centrales solaires et hydroélectriques, les éoliennes, la biomasse, la production de gaz naturel par la méthanation, sont des sources d'énergie qui font leurs preuves, sans nous faire courir les risques du nucléaire ou du dérèglement climatique. Il existe aujourd'hui un scénario de transition énergétique en France qui permettrait à ce pays de sortir du nucléaire vers 2035 et d'abandonner les énergies fossiles aux alentours de 2050 : il s'agit du Scénario négaWatt.

3. En France toujours, une loi a décidé de l'extinction des enseignes lumineuses des villes entre 1 et 6 heures du matin.

4. En libérant dans notre corps de la sérotonine (hormone du bonheur et de la sérénité), la méditation contribue à nous rendre heureux de façon écologique. Elle nous amène à une sérénité autoproduite de l'intérieur, et qui ne dépend donc pas d'un voyage au bord du Pacifique ou d'un repas sublime dans un restaurant étoilé !

5. Le suicide est la première cause de mort chez les jeunes.

6. Les Créatifs Culturels constituent un ensemble d'individus concernés par les pôles de valeurs suivants : l'ouverture aux valeurs féminines, l'implication sociétale, le respect des valeurs écologiques et le développement personnel, avec un intérêt particulier pour les nouvelles formes de spiritualité. L'idée étant : connais-toi toi-même si tu veux agir sur le monde. Ces personnes aspirent à remettre l'Humain au coeur de la société, refusent les dégradations environnementales et recherchent des solutions aux problèmes sociaux. Un trait marquant de cet ensemble est que de nombreux Créatifs Culturels se croient isolés, seuls à envisager la Vie de cette façon. Or, des études réalisées dans divers pays (France, Allemagne, Hongrie, Pays-Bas, Norvège, Italie, Japon) sous le parrainage du Club de Budapest, dirigé par le philosophe Ervin Laszlo, ont révélé que les Créatifs Culturels représenteraient désormais 35 % de la population adulte d'Europe de l'Ouest et du Japon.

7. L'équivalent d'un terrain de football d'arbres est abattu en forêt tropicale toutes les 2 secondes.

8. La Chine construit à Shanghai un quartier écodurable unique au monde. Il aura la taille de la ville de Bruxelles.

9. Un enfant meurt toutes les 20 secondes pour des causes évitables : les déchets humains et le non-accès à l'eau potable.

10. Ce ne sont pas les populations affamées qui ruinent la planète : 80 % des richesses du monde sont utilisées par 20 % de la population.

11. Un milliard d'êtres humains n'ont pas à manger, 3 milliards mangent à peine. Or, selon Jean Ziegler, ancien rapporteur spécial de l'Onu pour le droit à l'alimentation, la planète serait capable de nourrir 12 milliards d'individus. Parallèlement, selon l'OMS, un milliard d'adultes sont en surpoids et plus de 300 millions sont obèses. Et il est intéressant de noter que le corps humain est davantage conçu pour supporter un manque de nourriture qu'un excès, car notre évolution nous a programmés pour résister au manque.

12. Pour produire un kilo de céréales, il faut 1 000 litres d'eau, alors que pour produire un kilo de boeuf, il faut 15 000 litres d'eau, 320 m² de prairies et environ 10 kilos de soja. Nous serions sages et humanistes si nous réduisions notre consommation de viande à une ou deux fois par semaine, car celle-ci est un facteur contribuant à la maladie, la faim dans le monde, la consommation et la pollution de l'eau, la déforestation, l'émission de gaz méthane dans l'atmosphère et la souffrance des animaux.

13. À un bout de la Terre, on meurt de trop manger, ce qui fait qu'à l'autre bout on meurt de faim : 30 % des terres arables de la planète sont dédiées à produire des aliments pour les animaux. Cela ampute d'autant les terres disponibles pour alimenter les populations en sous-nutrition.

14. Fabriquer un jean nécessite 11 000 litres d'eau.

15. De plus en plus d'entreprises prennent en compte les enjeux environnementaux liés à leurs stratégies de production. Des études réalisées par le MIT, (Massachusetts Institute of Technology), révèlent que ces entreprises se portent mieux sur le long terme lorsqu'elles préservent les ressources environnementales et humaines. Il devient évident qu'au-delà de générer de l'argent pour ses investisseurs, une entreprise doit aussi satisfaire ses clients, employés, fournisseurs, partenaires, gouvernements, communautés locales et internationales, ce qui implique le respect de l'environnement. Si l'un de ces groupes est mécontent, l'entreprise ne restera pas pérenne. Dans les compagnies anglo-saxonnes, un nouveau poste vient d'être créé dans ce sens : le CRO ou Chief Responsible Officer, qui a pour mission de veiller à ce que l'impact de l'entreprise soit durable pour l'environnement.

16. Le Wave Dragon est un convertisseur d'énergie très prometteur : il récupère l'énergie produite en mer par les vagues déferlantes, afin de générer de l'électricité en stockant l'eau, puis en la faisant circuler à travers des turbines.

17. Il y a plus de trente guerres dans le monde. Les êtres humains font la guerre parce qu'ils aspirent à vivre en paix !

18. Il faut 10 protéines végétales pour faire 1 protéine animale.

19. L'Union européenne est l'entité gouvernementale la plus engagée à se préoccuper de la qualité de vie de l'ensemble de ses habitants.

20. Étant donné que la croissance des forêts européennes excède leur taux d'abattage, celles-ci font office de puits de carbone et contribuent ainsi à ralentir l'accroissement du volume de dioxyde de carbone dans l'atmosphère.

21. Nous avons laissé l'argent dominer notre destin collectif, alors qu'il devrait seulement donner de la valeur aux choses : c'est un moyen d'échange plus simple que se promener avec trois chevreaux sur les épaules pour acheter son pain... Mais nous lui avons conféré les pleins pouvoirs et nous nous sommes mis à son service, alors que cela devrait être l'inverse.

Passons à l'action

Les idées suivantes vous semblent-elles vraies ou fausses ?

- Ce n'est plus le moment d'attendre que l'autre change, c'est à moi de le faire.
- Consommer rend plus dépendant qu'heureux.
- La violence et la bienveillance ont un point commun : elles sont contagieuses !
- Tout ce que nous faisons à autrui nous impacte tôt ou tard.
- Si on n'avait plus de peurs, il pourrait y avoir des armes partout, on ne s'en servirait pas.
- Le nucléaire existe parce que j'ai trop de besoins et d'envies.

Pour Pierre et Anne, ces phrases sont toutes vraies et bonnes à intégrer dans nos coeurs. ☺

Si vous êtes à un tournant de votre vie où vous ne pouvez plus supporter certains fonctionnements de ce monde, vous ne serez en paix qu'en développant votre clarté sur vos valeurs et sur vos visions au service du tout, et ce, afin d'agir en fonction d'elles.

Pour affiner ces valeurs, imaginez que vous participez à l'établissement d'une convention planétaire sur la gestion des ressources de la planète, de la biosphère. Songez à ce qui pourrait être initié, tant à votre niveau qu'à l'échelle planétaire.

Quels sont les 10 points clés que vous mettriez dans cette convention : Si j'avais du pouvoir, je commencerais par…

« ma convention planétaire »

....

....

....

....

....

....

....

Parlez-en à votre entourage, même s'il est à craindre que, quand vous aborderez ces sujets, vos interlocuteurs vous traiteront d'extraterrestres... Certains seront peut-être secrètement déstabilisés, ou même, aimeraient avoir le courage de s'interroger comme vous le faites... La bonne nouvelle, c'est qu'à force de poser des actes avec détermination, on s'enrichit d'audace, d'enthousiasme et de sérénité. Aussi, quoi qu'il arrive, ralliez-vous fermement à votre dessein clair et affirmé, et accompagnez-le de la détermination absolue d'obtenir le résultat désiré.

Quand on taquine Anne qui trie chaque confetti (!) parce qu'elle y voit une parcelle d'arbre, il lui arrive de réagir par une question : à votre avis, dans tout ce que nous vivons, qu'est-ce qui est le plus stupide ? Récupérer le moindre papier, devoir porter un masque en ville tant l'air est pollué, être contraint de fermer ses fenêtres à la campagne au printemps, quand on arrose les champs d'engrais et de pesticides... ?

Ça devient risqué de ne pas prendre de risques !
Guibert del Marmol

Nous voici au terme de nos réflexions de tendresse pour la condition humaine et planétaire. Nous savons tous que le Titanic avait des canots de sauvetage alors que la Terre n'en a pas ! Hélas,

nous avons trop tendance à l'oublier dans nos fonctionnements quotidiens ! Pourtant il est à présent urgent que nous devenions les vigilants gardiens des trésors inestimables que sont l'eau, l'air et la terre.

Pour cela, apprenons à faire le tri entre ce qui est nécessaire à notre épanouissement et ce qui ne l'est pas : faisons la différence subtile entre les attitudes qui nous rendent profondément heureux et celles qui se contentent de nous éviter de regarder en face notre incapacité à éprouver de simples joies intérieures.

Nous vous quittons en vous exprimant notre tendresse pour votre aspiration à embrasser nos rêves à travers la lecture de ce cahier. Au cours de son écriture, nous avons choisi d'envisager avec vous la Vie non pas comme facile mais comme sacrée, et sommes reconnaissants d'avoir pu parcourir ce chemin en votre compagnie.

Puissiez-vous profiter de chaque instant de Vie en conscience et en gratitude.

Pierre et Anne

Bibliographie :

Pierre Rabhi et Nicolas Hulot, *Graines de possible*, Calmann-Lévy, **2006**
Edgard Morin, *La Voie*, Fayard, **2011**
Anne van Stappen, *Ne marche pas si tu peux danser*, Jouvence, **2009**
Anne van Stappen, *Petit cahier d'exercices de bienveillance envers soi-même*, Jouvence, **2009**
Anne van Stappen, *Petit cahier d'exercices de Communication NonViolente®*, Jouvence, **2010**
Anne van Stappen, *Petit cahier d'exercices pour cultiver sa joie de vivre au quotidien*, Jouvence, **2010**
Jérémy Rifkin, *Une nouvelle conscience pour un monde en crise*, Les liens qui libèrent, **2011**
Patrick Viveret, *Pourquoi ça ne va pas plus mal?, Fayard*, **2005**

Quelques-uns des écrits de Pierre Rabhi :

Du Sahara aux Cévennes ou la reconquête du songe (autobiographie), Albin Michel, **1983, réédition 1995**
L'offrande au crépuscule, L'Harmattan, **1989, réédition 2001**
Le recours à la terre, Terre du Ciel, **1999**
Conscience et environnement, Éditions du Relié, **2006**
La part du colibri, l'espèce humaine face à son devenir, Éditions de l'Aube, **2006**
Terre-Mère, homicide volontaire ? Entretiens avec Jacques Olivier Durand, Éditions Le Navire, **2007**
Manifeste pour la Terre et l'Humanisme, Actes Sud, **2008**
Vers la sobriété heureuse, Actes Sud, **2010**
Éloge du génie créateur de la société civile, Actes Sud, **2011**

Sites en relation avec l'écologie :

www.fondationpierrerabhi.org
www.colibris-lemouvement.org
www.terre-humanisme.org
http://oasisentouslieux.org
www.lesamanins.com
www.la-ferme-des-enfants.com
www.appel-consciences.info
http://nvc-europe.org
www.annevanstappen.be

Les auteurs remercient Michel van Bellinghen, Laurence Bertrand, Caroline Bourret, Anne Bourrit, Cyril Dion, Christiane Goffard, Guibert del Marmol, Sophie le Jeune, Guy De Beusscher, Claire van Meerbeeck et Nelly Pons pour leurs apports et leurs relectures.

Les droits d'auteur de ce Petit cahier seront intégralement versés à la Fondation Pierre Rabhi et à l'ONG Colibris.

Achevé d'imprimer en France en août 2012
par l'imprimerie Hérissey à Évreux (Eure)
Dépôt légal : août 2012
N° d'impression : 119067

Ce livre est imprimé par Hérissey (Groupe Qualibris) qui assure une stricte application
des règles concernant le recyclage et le traitement des déchets,
ainsi que la réduction des besoins énergétiques.